나는 빛나는 예술가입니다

샐리니 밸리퍼 글 | 이계순 옮김

샬리니 밸리퍼 글
영국 노리치에서 태어나고 자랐어요. 레스터 대학교에서 문학 학사 학위를 받고
문학 석사 과정까지 마친 뒤, 고향으로 돌아가 어린이책을 전문으로 쓰고 있어요.
남녀평등, 인종, 다양성에 관심이 많으며 지금까지 60권이 넘는 책을 썼어요.

이계순 옮김
서울대학교 간호학과를 졸업한 뒤, 어린이·청소년책 전문 번역가로 활동하고 있어요.
번역하여 풀빛에서 나온 책으로는 《지키지 말아야 할 비밀》《달에서 생일 파티를 한다면?》
《안전한 불 위험한 불》《유령》 그리고 〈공룡 나라 친구들〉 시리즈가 있어요.

이미지 출처

이 책에 실린 이미지의 출처는 따로 명시하지 않은 한 모두 Shutterstock.com입니다.
일부는 Getty Images, Thinkstock Photo, 그리고 iStockphoto에서 도움을 받았습니다.

표지와 본문 인물들-asantosg, Forest Foxy, WINS86. 7쪽-Kwirry, Viktoriya. 8쪽-Shamanska Kate. 9쪽-Freeda.
10쪽-En min Shen. 11쪽-flovie. 12쪽-By danjazzia. 14~15쪽-KittyVector. 17쪽-Studio_Loona, Iconic Bestiary.
19쪽-GN, Mariabo2015, R.Wilairat, Forest Foxy. 22쪽-Natasha Pankina. 23쪽-ararat.art. 24쪽-Natasha Pankina.
28쪽-lenabelkin. 29쪽-Inga linder.

차례

우리도 빛나는 예술가가 될 수 있어요! 4
레오나르도 다빈치 6
해리엇 파워스 8
빈센트 반 고흐 10
파블로 피카소 12
피카소처럼 해 봐요 14
코코 샤넬 16
샤넬처럼 해 봐요 18
오거스타 새비지 20
프리다 칼로 22
앤디 워홀 24
구사마 야요이 26
타나쿠피 28
또 다른 예술가들 30
단어 설명 31
찾아보기 32

밑줄 친 단어의 뜻은 31쪽 '단어 설명'에 있어요.

우리도 빛나는 예술가가 될 수 있어요!

'창조적'이라는 말은 무슨 뜻일까요? 사람들은 언제나 머릿속으로 무엇을 상상해 전에 없던 새로운 것을 만들어 냈어요. 몇천 년 전에 그려진 동굴 벽화를 떠올려 보세요. 그다음에는 최신 스마트폰을 떠올려 보세요. 이 둘은 생김새도 쓰임새도 매우 달라요. 하지만 둘 다 인간이 창조한 작품이지요.

사람들이 창조를 하게 된 계기는 뭘까요?
어떤 문제를 해결하려다가 그랬을지도 몰라요.
어쩌면 <u>감정</u>을 표현하려다가 창조했을지도 모르고요.

여러분은 스스로를 어떻게 표현하나요? 자기를 표현한다는 말은
또 무슨 뜻일까요? 사람들은 세상을 바라보는 시각을 드러내거나,
정체성을 탐구하거나, 중요하게 여기는 생각을 보여 주기 위해 예술을 창조해요.
때로는 예술에 아무런 의미를 담지 않을 수도 있어요.
무엇이든 예술이 될 수 있답니다.

예술가들은 예술 운동을 하기도 해요. 예술 운동은 생각이나 목표가 비슷한
사람들이 예술을 창조하는 데 도움을 주지요. 하지만 예술 운동을 하든 하지 않든,
모든 예술가의 작품은 중요해요.

빼어나게 창조적인 예술가들을 살펴보면서, 예술가들의 삶을 알아봐요.
빛나는 예술가가 되려면 어떻게 해야 하는지도 함께 배워 봐요.

레오나르도 다빈치
(1452~1519)

레오나르도 다빈치는 이탈리아에서 태어났어요. 다빈치가 열다섯 살이 되자, 아빠는 어릴 때부터 그림에 소질을 보이던 다빈치를 어느 화가의 견습생으로 보냈지요. 다빈치는 그곳에서 그림과 조각을 익히고, 과학과 건축에 관해서도 배웠어요.

몇 년 뒤, 그림 실력을 갈고닦은 다빈치는 자기만의 화실을 차렸어요. 예수와 열두 제자가 나오는 종교화, 주변 사람들의 초상화를 주로 그렸지요. 다빈치의 작품들은 '르네상스'라는 문화 운동의 특징을 잘 보여 줘요. 르네상스는 14~16세기에 유럽에서 유행한 문화 혁신 운동으로, 예술과 과학을 포함해 다양한 분야에서 일어났어요. 다빈치는 예술과 과학이 따로 떨어져 있다고 생각하지 않았어요. 그래서 자기가 아는 과학 지식을 예술 작품 속에 녹여 내고, <모나리자>와 <최후의 만찬> 같은 걸작을 남겼답니다.

다빈치는 세상 모든 것에서 영감을 얻었어요. 평생 공부도 게을리하지 않았고요. 지도, 다리를 비롯해 사람과 건물에 이르기까지 늘 무언가를 관찰하고 정리해서 글과 그림으로 남겼지요. 다빈치는 왕부터 교회 신자까지 모든 이를 위해 예술을 창조했어요. 사람들은 창의적이고 과학적인 다빈치의 작품들을 보고 예술을 대하는 관점을 바꾸었어요.

해리엇 파워스
(1837~1910)

해리엇 파워스는 노예로 태어났어요.
엄마는 파워스에게 퀼트를 가르쳤어요. 미국으로 끌려온 많은 노예가
자기 이야기를 퀼트로 남겼지요. 노예는 모국어를 쓰면 안 됐기 때문에,
그 대신 퀼트를 통해 자기를 표현하고 탐구했어요.

파워스는 성서에 실린 이야기를 퀼트에 담았어요. 이 성서 퀼트에는
두 개의 문화가 섞여 있었어요. 미국계 흑인인 파워스가 기독교 성서 이야기를
서아프리카 방식으로 표현했으니까요.

파워스는 성서 퀼트를 전시회에 내놓았어요. 이 퀼트를 보고
예술가이자 미술 선생님인 제니 스미스는 완전히 반했답니다. 한 작품 안에
여러 조각의 천을 써서 사람이나 동물을 표현한 건 지금껏 본 적이 없었거든요.
스미스는 성서 퀼트를 사고 싶었지만, 파워스는 팔지 않았어요.

몇 년이 지난 뒤에 파워스 가족은 노예 신분에서 벗어나 자유를 얻었어요.
그러나 가난한 생활이 이어지자, 파워스는 성서 퀼트를 스미스에게 팔았지요.
파워스는 성서 퀼트를 만들면서 어떤 생각을 했을까요?
미국에 사는 흑인과 백인이 두루 공유하는 성서 이야기를 퀼트로 만들면
두 집단 사이의 관계도 바꿀 수 있다고 생각하지 않았을까요?
적어도 스미스는 그렇게 믿었어요.

"해리엇 파워스는 전시회에 퀼트를 내놓으면서
이렇게 생각했을 거예요. 만약 흑인과 백인이
퀼트처럼 단순한 작품을 보고도 서로를 이해할 수 있다면
언젠가는 이 둘이 서로 동등해지는 날도 오리라고요."
제니 스미스

파워스처럼 되고 싶다면
생각할 거리를 주는 작품을 만들어 보세요.

빈센트 반 고흐
(1853~1890)

네덜란드에서 자란 고흐는 그림 그리기를 무척 즐겼어요. 어른이 되어서는
교사, 점원, 선교사 등 다양한 일을 했지요. 그러다 스물일곱 살에 비로소
화가가 되겠다고 마음먹었어요.

고흐는 초기에 가난한 사람들의 삶을 주로 그렸어요. 이런 그림들은 어둡고 몹시
슬퍼 보였지요. 고흐의 남동생 테오는 프랑스 파리에서 화랑을 운영했어요.
테오는 고흐에게 편지를 써서 프랑스에서 유행하던 '인상주의' 예술 운동에 관해 알려 주었어요.
고흐는 사물을 있는 그대로 표현하기보다는 작가가 사물에서 받은
순간적인 인상을 표현하는 인상주의에 흥미를 느끼고, 무작정 파리로 향했어요.

고흐는 인상주의 화가들과 어울리면서 그림에 밝은 색을 섞기 시작했어요.
고흐의 이런 화풍에는 훗날 '후기 인상주의'라는 이름이 붙었어요.
후기 인상주의 화가들은 밝은 색상과 명암, 도형을 사용해서 자기 감정을 마음껏 표현했어요.

고흐가 그린 그림은 매우 아름다웠지만 돈을 주고 사려는 사람이 아무도 없었어요.
고흐는 늘 돈이 부족했어요. 물감과 미술 도구가 비쌌거든요. 그러나 고흐는 오랫동안
앓은 병으로 병원에 입원해 치료를 받으면서도 꾸준히 그림을 그렸어요.
고흐는 젊은 나이에 세상을 떴어요. 사람들은 그제야 고흐의 그림이
얼마나 아름다운지 깨달았고, 오늘날 고흐는 위대한 예술가로 남게 되었어요.

"머릿속에서 '너는 그림을 그릴 수 없어!'라는 소리가 들리더라도, 어떡해서든 붓을 잡고 그림을 그리세요. 그러면 그 소리가 차차 사라질 겁니다."

빈센트 반 고흐

고흐처럼 되고 싶다면
인정받지 못하더라도 꿋꿋이 그림을 그려 보세요.

파블로 피카소
(1881~1973)

파블로 피카소는 스페인에서 태어났어요.
미술 선생님이었던 아빠는 그림에 재능이 뛰어난 피카소를
응원해 줬어요. 피카소도 그림 그리기를 좋아해서 열세 살 때 미술 학교에 들어가
공부했지요. 피카소는 학교에 열심히 다녔지만,
옛날 화가들처럼 그림을 그리는 방식에 금세 질려 버렸어요.

피카소는 프랑스 파리로 가서 아방가르드 예술가들을 많이 만나며
새로운 그림 스타일을 탐구했어요. 피카소는 자기가 느낀 감정을 그림으로
표현했어요. 친구가 세상을 떠났을 때는 슬프고 우울한 그림을 그렸어요.
기분이 좋고 행복할 때는 화려하고 밝은 색깔로 그렸고요.

피카소는 옛 거장들의 그림 기법을 따라 하는 대신, 거기에서 영감을 얻어
자기만의 스타일로 그려 냈어요. 아프리카 조각에 담긴 독특한 형태를
탐구하기도 하면서 '입체주의'라는 새로운 예술을 창조했어요.
피카소는 입체주의 그림과 콜라주 기법으로 사람과 사물을 도형을 통해
해석하려 했지요. 세계를 해석하는 방식과 예술을 향한
피카소의 탐구심은 새로운 예술 시대를 열었어요.

피카소처럼 되고 싶다면
자기만의 그림 스타일을 찾으세요.

"아이들은 모두 예술가예요.
문제는, 아이들이 자라고 난 뒤에도
어떻게 예술가로 남아 있을 수 있느냐예요."
파블로 피카소

피카소처럼 펴 봐

입체주의 기법으로 만든 초상화

피카소는 초상화를 많이 그렸어요.
주로 여러 방향에서 본 모습을 다양한 모양으로 그리고 이어 붙여 그림을 완성했지요.
우리도 도화지와 색종이를 이용해 입체주의 기법으로 자화상을 만들어 봐요.

준비물

풀, 가위, 색연필, 사인펜 또는 물감, 색종이

도화지, 내 얼굴 사진

얼굴 그리기

'얼굴'은 사람의 몸 가운데 머리의 앞부분으로 눈, 코, 입 등이 있는 부분을 말해요.

그림을 그리기 전에 사진들을 잘 살펴본 뒤 내 얼굴을 어떻게 표현할지 생각해 보세요. 눈 앞에서 본 모습으로, 입 옆에서 본 모습으로 표현하면 될까요? 눈은 사각형으로, 입은 삼각형으로 만들어 볼까요? 어떤 모양이든 어느 방향에서 보든 모두 괜찮아요. 내 마음껏 표현해 보면 되는 것이랍니다.

1. 내 얼굴형을 보며 도화지에 그린 다음 가위로 잘라요.
2. 얼굴 모양 도화지에 마음에 드는 색종이를 찾아서 모양을 그려 넣어요.
3. 색종이에 눈, 코, 입을 많이 그려요.
4. 눈, 코, 입 등 좋아하는 색종이를 찾아 가위로 잘라요.
5. 얼굴 모양 도화지에 눈, 코, 입을 붙여요.
6. 완성한 자화상을 벽면에 붙여요.

'색연필, 물감 등 다양한 재료로 얼굴 표정을 마음껏 표현해 봐요.

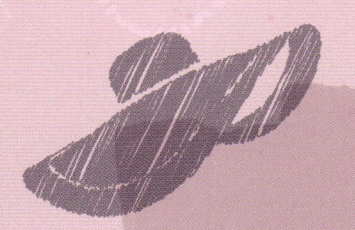

코코 샤넬
(1883~1971)

가브리엘 샤넬은 프랑스에서 태어났어요.
엄마는 샤넬이 어릴 때 일찍 돌아가셨지요. 아빠는 샤넬을
수녀들이 운영하는 보육원에 보냈어요. 수녀들은 샤넬에게 바느질과
옷 만드는 법을 가르쳐 주었어요. 샤넬은 보육원에서 나온 뒤에
'코코'라는 가수가 되었어요.

샤넬은 가수 생활을 오래 하지 않고 파리로 가서 모자 가게를
열었어요. 모자가 잘 팔리자 샤넬은 바느질 솜씨를 살려 옷도 만들기 시작했어요.
샤넬이 만든 옷은 그 시절의 패션과 무척 달랐어요. 여자들은 꽉 끼어
불편한 옷을 입어야 했는데, 샤넬은 예쁠 뿐만 아니라 편안하고
입기도 쉬운 여성복을 디자인해서 만들었답니다.

샤넬이 패션계에 일으킨 변화는 어마어마했어요. 샤넬이 짧은 검은색 드레스를
만들자 너도나도 까만 옷을 입기 시작했지요. 샤넬이 살던 시대에는
남자만 바지를 입을 수 있었지만, 샤넬이 여성용 바지를 따로 만들면서
여자도 바지를 입을 수 있게 됐어요. 샤넬은 남다른 재능과 창의력을 바탕으로
더 편하고 예쁜 여성복을 탄생시켰어요.

샤넬처럼 되고 싶다면
남들과 다른 것에 과감히 도전해 봐요.

"무엇과도 바꿀 수 없는 존재가 되려면
늘 달라야 해요."
코코 샤넬

샤넬처럼 멋쟁이

모자 디자인

샤넬은 뛰어난 패션 디자이너였어요. 오늘날에도 여전히 인기 있는 스타일을 생각해 냈지요. 모자부터 만들기 시작한 샤넬처럼, 우리도 모자를 디자인하고 예쁘게 꾸며 봐요.

준비물

깃털이나 리본 등 반짝이는 장식

접착테이프

풀

물감

사인펜과 색연필

하얀 종이

종이 그릇

사사기를 만들어요!

디자인해 보아요

먼저 모자를 디자인해요. 하얀 종이에다 뒤집한 종이 그 그려 봐요. 그런 다음 종이 그릇 모자를 어떤 색깔로 칠할지, 장식물을 어디에 붙일지 그려 가며 계획을 세워 봐요.

모자를 만들어요

디자인한 대로 모자를 만들어 봐요.

1. 정해 둔 색깔로 종이 그릇을 칠한 다음 바싹 말려요.
2. 디자인에 맞추어 장식품을 풀이나 접착테이프로 붙여요.
3. 다 마르면 종이 모자를 머리에 써 봐요.

오거스타 새비지
(1892~1962)

오거스타 새비지는 형제가 열세 명이나 됐어요. 형제는 많은데
장난감은 별로 없었지요. 새비지는 대개 형제들과 함께 밖에서 놀았는데,
그럴 때면 진흙을 조물락거려 작은 조각을 만들었어요.
새비지는 조각가가 되고 싶었어요. 아빠는 새비지의 꿈을 반대했지만,
새비지는 자기가 잘하는 것을 포기하지 않았어요.

새비지는 미국 뉴욕의 할렘 지역으로 떠나 유명한 미국계 흑인 남성들의
흉상을 조각하기 시작했어요. 새비지의 작품은 '할렘 르네상스'라는
문화 운동이 발전하는 데 큰 역할을 했고, 이 운동으로 할렘에 사는 미국 흑인들은
예술을 통해 자기 정체성을 탐구했지요.

새비지는 재능이 뛰어났지만, 단지 흑인이라는 이유로 파리에서
조각 공부를 할 수 없었어요. 새비지는 이 부당함을 바로잡기 위해
힘겨운 싸움을 이어 갔는데, 별다른 성과는 얻지 못했지요. 그러다 새비지의
조각 한 점이 잡지 표지에 실리면서 길이 트였어요. 새비지는 재능을 인정받았고,
이탈리아 로마에서 조각을 공부할 수 있게끔 지원도 받았어요.

새비지는 미국으로 돌아와 조각을 가르쳤어요. 또 미술 작업실과 화랑을 세워
미국의 흑인 예술가들이 자기 재능을 발견하고 꽃피울 수 있게 도왔답니다.

"이 젊은이들이 내게서 영감을 받아
재능을 살린다면 내 기념비는
이들 작품 안에 있게 될 것입니다."
오거스타 새비지

새비지처럼 되고 싶다면
예술을 다른 사람을 돕는 데 활용해 보세요.

프리다 칼로
(1907~1954)

프리다 칼로는 어릴 때부터 총명한 학생이었어요.
아빠가 찍는 사진에도 관심이 많았지만 장래 희망은 의사였어요.
그러던 어느 날, 칼로가 타고 있던 버스가 경전철과 심하게 충돌하면서
의사가 되겠다는 꿈은 산산이 부서지고 말았어요.

칼로는 온몸의 뼈가 으스러졌고, 꼬박 석 달 동안 집에 머무르면서
몸이 낫기를 기다려야 했어요. 침대에 누워 할 수 있는 일이 얼마 없었던 칼로는
자화상을 그리기 시작했어요. 자화상을 그리면서 자신의 뿌리를 탐구했지요.
칼로의 엄마는 스페인과 아메리카 원주민 양쪽의 핏줄을 이어받았어요.
그래서 칼로의 눈썹은 숯으로 그린 듯 짙었고, 콧수염도 흐릿하게 나 있었죠.
칼로처럼 털이 덥수룩한 여자들은 털을 매끄럽게 다듬었어요.
그래야 유럽과 미국 사람들이 세운 아름다움의 기준에 걸맞았거든요.
칼로는 남들이 세운 기준에 자기를 끼워 맞추고 싶지 않았어요.
자화상에 갈매기 눈썹과 콧수염을 그려 넣어 자기 뿌리를 당당히 드러냈지요.

칼로가 그린 그림은 멕시코 곳곳에서 전시되고 유럽에서도 점점 유명해졌어요.
칼로는 꿈인지 현실인지 알 수 없는 독특한 그림을 많이 그려서 '초현실주의 작가'라고
불렸어요. 칼로는 교통사고 후유증으로 평생을 고통 속에서 살았어요.
이런 고통을 이야기하고 자기 뿌리를 거슬러 올라가며
초현실주의 작품을 탄생시켰지요.

칼로처럼 되고 싶다면
자기 세상을 탐구해 예술로 풀어내 보세요.

"그림을 그릴 수 있는 한,
살아 있어서 행복하답니다."
프리다 칼로

앤디 워홀
(1928~1987)

앤디 워홀라는 미국에서 자랐어요. 어릴 때는 몸이 허약한 탓에 집에 있는 날이 많았지요. 그래서 엄마는 워홀라에게 그림 그리는 법을 알려 주고 카메라도 사 주었어요. 아빠는 워홀라의 재능을 일찌감치 알아보았고, 아들이 대학에서 공부할 수 있게끔 열심히 일해 돈을 모았어요.

워홀라는 대학을 졸업한 뒤에 젊은 시절부터 이름을 날렸어요. 워홀라가 그린 그림이 패션 잡지사와 광고 회사에서 폭발적인 인기를 얻었거든요. 그러던 어느 날 누가 워홀라의 이름을 '워홀'이라고 잘못 썼는데, 워홀라는 이것이 마음에 들어 새로운 이름으로 삼았어요.

워홀은 인기가 아주 많았지만, 자기 그림이 어딘가 부족하다 느끼고 새로운 것을 창조하고 싶어 했어요. 워홀은 '팝 아트'라는 예술 운동을 펼쳤어요. 팝 아트란 통조림 캔처럼 주변에 흔히 있는 물건에서 대중문화를 탐구하고 영감을 받아 예술 작품을 만드는 거예요. 워홀은 매릴린 먼로 같은 유명인들의 초상화로도 예술 작품을 만들었지요.

많은 사람이 워홀의 새로운 예술을 좋아했어요. 워홀은 점점 더 부유하고 유명해졌지요. 주변 세계를 관찰하고 그것을 예술로 표현한 워홀의 작품은 현대 미술의 발전에도 큰 영향을 주었어요.

"예술 작품을 어떻게 만들까 고민하지 마세요.
그냥 만드세요. 작품이 좋은지 안 좋은지, 사람들이 이것을 좋아할지
안 좋아할지는 알아서들 결정하게 놔두고요.
사람들이 결정하는 사이에 더 많은 작품을 만드세요."

앤디 워홀

워홀처럼 되고 싶다면
주변에 있는 물건들로 예술 작품을 만들어 보세요.

구사마 야요이
(1929~)

구사마 야요이는 일본에서 태어났어요. 구사마는 그림을 무척 좋아했어요.
아주 어릴 때 눈앞의 모든 것이 작은 물방울무늬로 뒤덮인 환영을 본 뒤로는
그림에다 수없이 많은 점을 그려 넣었어요.

딸이 예술가가 되기를 바라지 않았던 엄마는 구사마의 열정을 짓밟으려 했어요.
하지만 구사마는 계속 그림을 그렸고, 꿈을 결코 접지 않았어요.
구사마는 예술 학교에 다니며 그림을 그리다가 일본을 떠나 미국 뉴욕으로 갔어요.
그곳에서 팝 아트 운동을 벌이던 많은 예술가와 친하게 지냈어요.
구사마는 노란색이나 빨간색처럼 밝은 색깔을 즐겨 쓰면서
팝 아트를 닮은 예술을 창조했어요.

구사마는 그림만 그리지 않고 조각과 설치 미술도 만들었어요.
대표적인 설치 미술 작품으로 거울 방이 있어요. 거울로 둘러싸인 방에
사람이 들어가면, 그 사람은 끝없이 사방으로 뻗어 나간 자기 모습과 마주하지요.
구사마는 꾸준히 점을 그렸어요. 사람부터 호박까지, 모든 형체에
크고 작은 점을 반복해서 그려 넣으며 자신의 속마음을 들여다보았고,
이러한 독특한 예술 세계로 사람들에게 큰 감명을 주었어요.

타나쿠피
(1937~2011)

글로리아 플레처는 오스트레일리아 북부 웨이파에서 태어났어요. 타나퀴스라는 오스트레일리아 원주민 부족 출신이었지요. 플레처는 웨이파 지역과 자기 조상 그리고 부족 사이에 전해 내려오는 이야기를 들으며 자랐어요. 플레처는 웨이파에서 신성한 장식을 만들 때 진흙이 어떻게 쓰이는지 궁금했어요. 웨이파에서는 진흙을 아주 소중하게 여겨서 아이들이 만질 수조차 없었거든요.

플레처는 학교 선생님이 됐지만 예술을 향한 사랑이 남달랐어요. 그래서 도자기를 배우려고 오스트레일리아 동남부에 있는 시드니로 갔지요. 그런 다음 미국과 멕시코를 여행하면서 원주민들에게 도자기 만드는 법을 배웠어요. 플레처는 예술가로 활동하면서부터 '타나쿠피'라는 전통 이름을 사용했어요.

타나쿠피는 어릴 때 자주 보았던 무늬와 전해 들은 이야기를 도자기에 새겨 넣었어요. 웨이파에서 신성하게 여기던 진흙으로 창작을 할 수 있어서 무척 행복했지요. 타나쿠피는 타나퀴스 말을 할 줄 아는 거의 마지막 사람이었어요. 그래서 타나퀴스 문화를 지키는 일을 중요하게 생각했답니다. 타나쿠피는 옛이야기를 새긴 항아리를 만들기도 하고, 달걀처럼 동그란 도자기에 바닷속 생물과 독수리, 식물을 새겨 꾸미기도 했어요. 이렇게 타나쿠피는 예술 작품으로 웨이파 전통문화를 널리 알려 많은 상을 받았어요.

"우리 안에는 모두 예술이 있어요.
그 덕분에 우리는 더 나은 사람으로 거듭날 수 있답니다.
예술이 스스로를 믿게 하고 강인하게 만들기 때문이지요."
타나쿠피

타나쿠피처럼 되고 싶다면
하고 싶은 이야기를 예술로 전해 봐요.

또 다른 예술가들

세상에는 빛나는 예술가가 많이 있어요. 몇 명을 더 소개할게요.

고개지
(344~406)

고개지는 중국에서 이름과 화풍이 전해지는 가장 옛날 화가예요. 가로로 긴 두루마리에 그림을 그렸고, 특히 인물의 윤곽선이나 옷의 주름을 섬세하게 표현했어요. 고개지의 인물화는 훗날 중국 화가들에게 많은 영향을 주었답니다.

미켈란젤로
(1475~1564)

미켈란젤로는 이탈리아 화가이자 조각가, **건축가**, 시인이에요. 르네상스 운동을 대표하는 예술가 가운데 한 명이지요. 미켈란젤로는 로마의 시스티나 성당 천장에다 성경에 나오는 장면을 그린 화가로 유명해요. <피에타> <다비드> 같은 대리석 조각상은 지금도 걸작으로 평가받아요.

메리 커샛
(1844~1926)

메리 커샛이 화가가 되겠다고 하자 가족들은 몹시 반대했어요. 커샛이 여자였기 때문이에요. 그래도 커샛은 뜻을 굽히지 않고 그림을 그린 끝에 인상주의 화가가 되었어요. 커샛은 유행을 그대로 따르기보다는, 엄마와 아이의 친밀하고 애틋한 관계처럼 자기가 좋아하는 것을 그렸어요. 다른 화가들이 잘 쓰지 않던 밝은색도 즐겨 사용했지요.

모니르 파르만파르마이안
(1924~2019)

파르만파르마이안은 이란 예술가예요. 예술을 밑바탕으로 이란 전통문화를 탐구했지요. 파르만파르마이안은 거울 조각을 이어 붙여 **모자이크**한 작품을 많이 만들었어요. 남편과 미국으로 **망명**했을 때 이란 정부는 파르만파르마이안의 작품을 거의 다 빼앗아 갔지만, 파르만파르마이안은 작품 활동을 포기하지 않았어요.

단어 설명

감정	행복, 슬픔, 분노 같은 느낌이나 마음
건축가	건물을 설계하는 사람
걸작	매우 훌륭한 작품
견습생	다른 사람 밑에서 새로운 기술을 배워 가며 일하는 사람
노예	자유를 빼앗겨 다른 사람이 시키는 대로 일해야 하는 사람
대중문화	음악, 미술, 패션, 텔레비전 프로그램, 영화처럼 많은 사람이 즐기고 좋아하는 문화
도자기	진흙을 구워서 만든 물건
디자인	옷이나 건물 등을 만들 때 그것이 어떻게 보일지 미리 그려 보는 것
망명	정치적인 이유로 인한 위험을 피해 다른 나라로 떠나는 일
명암	색의 밝고 어두운 정도를 나타내는 말
모국어	자기 나라의 말
모자이크	돌이나 타일, 유리 같은 조각을 이어 붙여 만든 무늬나 그림
문화	한 집단에 속한 사람들의 생활 방식이나 언어, 생각 따위를 통틀어 이르는 말
설치 미술	관람객이 만지거나 체험할 수 있게끔 어떤 공간에 세워 둔 예술 작품
성서	기독교 교리를 적은 책
신성	함부로 가까이할 수 없을 만큼 고결한 것
아방가르드	지금까지와는 완전히 다른 새로운 방식으로 사물을 표현하는 예술 운동
자화상	자기 얼굴을 그린 그림
정체성	어떤 사람을 다른 사람들과 구별 짓는 성질
조각	다양한 재료를 깎고 새기거나 빚어서 만드는 예술
초상화	사람의 얼굴을 중심으로 그린 그림
콜라주	신문지, 악보, 벽지 같은 여러 재료를 평평한 지면에 오려 붙이는 미술 기법
퀼트	천 사이에 솜 등을 채우고 바느질해서 무늬가 두드러지게 하는 기법, 또는 그렇게 만든 이불이나 침대보
해석	어떤 사물이나 행동에 담긴 뜻을 살피고 설명하는 일
화랑	미술품을 전시하고, 판매도 하는 곳
화실	화가나 조각가가 작업하는 방
화풍	그림을 그리는 방식이나 양식
환영	눈앞에 없는 것이 진짜 있는 것처럼 보이는 현상
후유증	어떤 병을 앓고 난 뒤에도 남아 있는 증상
흉상	사람을 가슴 위까지만 표현한 그림이나 조각

찾아보기

ㄱ
거울 26, 30
그림 6, 10~15, 22~24, 26, 30

ㄷ
도자기 28

ㄹ
르네상스 6, 30

ㅁ
모자 16, 18~19
문화 6, 8, 20, 24, 28, 30
미국계 흑인 8, 20

ㅅ
설치 미술 26

ㅇ
오스트레일리아 원주민 28
인상주의 10, 30
입체주의 12, 14

ㅈ
자화상 14~15, 22
조각 6, 12, 20, 26, 30
진흙 20, 28

ㅊ
초상화 6, 14, 24
초현실주의 22

ㅋ
콜라주 12
퀼트 8~9

ㅍ
팝 아트 24, 26
패션 16, 18, 24

ㅎ
할렘 르네상스 20
후기 인상주의 10

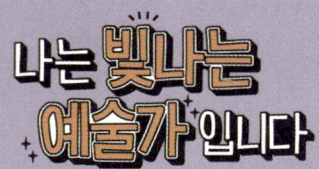

초판 1쇄 발행 2021년 8월 20일
글쓴이 샬리니 밸리퍼 | **옮긴이** 이계순
펴낸이 홍석 | **이사** 홍성우 | **편집부장** 이정은
편집 차정민·이은경 | **디자인** 서은경 | **교정교열** 김미경
마케팅 이송희·이가은·한유리 | **관리** 최우리·김정선·정원경·홍보람·조영행
펴낸곳 도서출판 풀빛 | **등록** 1979년 3월 6일 제2021-000055호
주소 서울특별시 강서구 양천로 583 우림블루나인 A동 21층 2110호
전화 02-363-5995(영업) 02-362-8900(편집) | **팩스** 070-4275-0445
전자우편 kids@pulbit.co.kr | **홈페이지** www.pulbit.co.kr
블로그 blog.naver.com/pulbitbooks | **인스타그램** instagram.com/pulbitkids

ISBN 979-11-6172-379-2 77990

I CAN BE CREATIVE by Shalini Vallepur
Copyright ⓒ 2021 Booklife Publishing
All rights reserved.
Korean translation copyright ⓒ 2021 Pulbit Publishing Co.
Korean translation rights are arranged with Booklife Publishing through B.K. Norton and AMO Agency.

이 책의 한국어판 저작권은 AMO에이전시를 통해 저작권자와 독점 계약한 도서출판 풀빛에 있습니다.
저작권법에 의해 한국 내에서 보호를 받는 저작물이므로 무단 전재와 무단 복제를 금합니다.

*책값은 뒤표지에 표시되어 있습니다.
*파본이나 잘못된 책은 구입하신 곳에서 바꿔 드립니다.

품명 아동 도서 **사용연령** 5세 이상 **제조국** 대한민국 **제조년월** 2021년 8월 20일 **제조자명** 도서출판 풀빛
연락처 02-363-5995 **주소** 서울특별시 강서구 양천로 583 우림블루나인 A동 21층 2110호
주의사항 종이에 베이거나 긁히지 않도록 조심하세요. 책 모서리가 날카로우니 던지거나 떨어뜨리지 마세요.
KC마크는 이 제품이 공통안전기준에 적합하였음을 의미합니다.